TRAITÉ PRATIQUE

DES

DOUANES

PAR M. A. DELANDRE,

Directeur des Douanes.

DEUXIÈME SUPPLÉMENT.

ANNÉE 1859.

Dispositions générales.

169—6. *Note. Au lieu de* 1837, *mettre* 1859. (*Circ.* n° 1760.)

170—19. *Tarif.* Lorsque des marchandises sont dirigées sur un second bureau avant leur admission définitive au privilége, la douane annote le sommier d'entrepôt et indique, sur les acquits-à-caution, si le consignataire de la cargaison s'est, par une soumission valablement cautionnée, sous la responsabilité du receveur, V. n°s 22 *et* 138 T, engagé 1° à fournir, dans un délai déterminé, les justifications nécessaires, 2° ou, à défaut, à payer personnellement la différence entre les taxes modérées et les droits généraux pour tous les produits livrés à la consommation soit au bureau de prime-abord soit dans tout autre. Le bureau de destination ne perçoit alors que le droit modéré; il n'en serait autrement qu'autant que le consignataire n'aurait pas ainsi consenti à prendre à sa charge les conséquences du refus de privilége.

Dans le cas où ce refus serait prononcé, le service exigerait du consignataire responsable le complément dû. A cet effet, le directeur informerait immédiatement de la décision ses collègues dont dépendent les bureaux de seconde expédition et leur demanderait le relevé des marchandises déjà mises à la consommation, au droit réduit, afin de n'appliquer le complément qu'à ces marchandises, les propriétaires des produits encore en entrepôt pouvant, ultérieurement, à leur choix, acquitter le droit modéré ou la taxe générale, détermination qui est portée sans retard, par les directeurs, à la connaissance de la douane d'arrivée qui annote ou régularise la soumission spéciale, selon la circonstance. (*Circ. manusc. du 30 août* 1859.)

171—24. 6e §. Le navire étranger qui, dans les conditions déterminées par l'art. 52 des observations préliminaires du tarif, a rapporté en France la cargaison d'un navire français arrêté forcément dans le cours de sa navigation, est exempté des droits de navigation, pourvu que le capitaine ne débarque pas, au port d'arrivée, de marchandises autres que celles qu'il justifie provenir dudit chargement. (*Déc. min. du 19 septembre* 1859; *circ. du 4 octobre suivant,* n° 611.)

172—25. 5e §. *Aux quatre premiers mots substituer ceux-ci :* Il appartient aux directeurs de. *Rayer la 3e et la 4e ligne. Ajouter à la 7e ligne :* ou dans les conditions des escales. *V.* n° 20 T.

Les directeurs n'ont à prendre l'attache de l'administration que dans le cas où il s'élèverait des doutes sur la régularité des justifications produites, notamment en ce qui concerne l'origine des marchandises, le lieu du chargement et les faits accomplis dans les ports d'escale. (*Circ. du 24 août* 1859, n° 604.)

173—27. P. 51, 2e §, 3e ligne. *Au lieu de* 1860, *mettre* 1861. (*Loi de finances du 11 juin* 1859, *art.* 6; *circ. du 10 août suivant,* n° 602.)

Rayer le n° 3 S.

174—44. *Impressions.* 3e §, dernière ligne. *Rayer ces mots :* et de chaque administration. *Ajouter :* Circ. lith. du secrétariat des finances du 16 décembre 1859.

11e §. Les ballots doivent porter pour suscription : A M. le ministre des finances, dépôt du matériel, rue de Luxembourg, n° 9. (*Circ. lith. du secrétariat des finances du 16 décembre* 1859.)

175—45. *Plombage.* P. 72, 2e §, n° 6, 1re ligne. *Au lieu de* international, *mettre :* ordinaire, en colis plombés et.

Ajouter en note : Le prix des plombs apposés sur les wagons en transit international est, dans tous les cas, de 50 centimes. (*Déc. du 9 mai* 1859.)

P. 75, 7e §. *Ajouter :* et circ. du 31 mai 1833, no 25.

P. 78, 3e §. *Rayer ce qui concerne la 3e classe, supprimée. Mettre en note à la 6e ligne :* La décision du 11 octobre 1855 continue à être appliquée aux vérificateurs dont le traitement est provisoirement demeuré au-dessous de 1800 francs. (*Déc. du 10 décembre* 1859.)

5e §, en note. A raison de la dépense qui en résulterait, les sous-officiers remplissant provisoirement les fonctions de vérificateurs ne peuvent participer à la répartition du produit du plombage ou du fonds commun. (*Déc. du 11 mars* 1859.)

P. 79, 1er §. Quand un employé, soumis d'abord pour congé à une retenue d'appointement, en est ultérieurement affranchi, il a droit à un complément d'émolument de plombage. A moins qu'il ne reste une somme disponible sur les fonds recouvrés pour plombage, ce complément est acquitté sur le crédit spécial de 460,000 fr. et imputé proportionnellement sur les divers exercices. (*Déc. du 9 avril* 1859.)

3e §. Un visiteur détaché à un bureau où le produit du plombage est à peu près nul, peut être maintenu en jouissance de sa part entière à la douane où il est titulaire ; mais alors il ne participe point à la répartition du premier bureau. (*Déc. du 11 février* 1859.)

176—52. 2e §. *Ajouter :* à l'égard des marchandises constituées en dépôt, dans des magasins généraux, sous récépissés et warrants transmissibles, *V.* no 224 S.

177—59. *Personnel.* P. 101, 3e §. *Ajouter :* contrôle général des brigades de douanes. (*Circ. man. du 11 janvier* 1860.) *Rayer cette indication au 2e § de la P. 103.*

—63. P. 111, 4e §. *Au lieu de* 2200 *et* 2000, *mettre* 2100 ; à 1600, *substituer* 1500. *Rayer* 1000 fr.

P. 113, 2e §, en note. Le montant des recouvrements doit comprendre les perceptions effectuées, dans les recettes subordonnées, pendant le dernier mois du trimestre. (*Déc. du 27 février* 1859.)

P. 116, dernier §. L'enregistrement des crédits délégués devant s'effectuer à la date de l'émission des ordonnances, les directeurs sont autorisés à attendre jusqu'au 5 du mois suivant, inclusivement, avant d'arrêter, à la date du dernier jour du mois, les situations mensuelles. (*Note imprimée du secrétariat des finances du* 29 *août* 1859.)

P. 117, 6e §. *Au lieu de* 15, *mettre :* 10, à la 2e division, 4e bureau. (*Circ. lith. des* 28 *octobre* 1852 *et* 2 *mai* 1853.)

178—67. 5e §. Les attributions exceptionnellement données aux sous-inspecteurs, d'après le no 10 S, en matière de transaction au sujet d'infraction reconnue lors de la visite des bagages de voyageurs, sont limitées à raison des circonstances qui se sont produites, de la situation sociale des intéressés et de la valeur des marchandises non déclarées. A ce dernier point de vue, si la valeur des marchandises dépassait 100 fr., le receveur principal serait appelé à intervenir dans les conditions régulières. (*Déc. du* 1er *septembre* 1859.)

179—68. P. 131. L'inspecteur ou le sous-inspecteur doit, à l'article : visite des marchandises, s'expliquer sur la manière dont s'exerce le concours des préposés à cette partie du service, et sur le degré d'exactitude avec lequel sont tenus les carnets d'écor. Il doit porter un jugement précis sur l'ensemble du service et sur le travail des divers agents. (*Déc. du* 27 *février* 1859.)

180—71. 1er §. *Aux trois premières lignes substituer ceci :* Les contrôleurs sont divisés en deux classes, à 2700 et à 3000 fr.; les vérificateurs (douanes principales) forment deux classes, la 1re à 2400 et à 2100 fr., la 2e à 1800 fr. ; les visiteurs. *Modifier ainsi les classes énoncées à la* 6e *ligne :* 1re, 1500 fr. ; 2e, 1200 fr. *Ajouter :* et circ. man. du 16 novembre 1859.

—72. Note, p. 141. *Ajouter :* circ. du 14 juin 1830, no 1214.

181—74. P. 147, 4e §. *Mettre en note :* ces dispositions sont suivies à l'égard des jeunes préposés non reconnus aptes au service militaire et dont le licenciement peut alors être prononcé. (*Circ. du* 30 *novembre* 1829, no 1193.)

6e §. *Après* 60 fr., *mettre :* à l'exception des sous-officiers présentés par le département de la guerre. V. p. 145.

182—84. Des mesures doivent être prises pour exercer les brigades au maniement des armes, sans les détourner de la surveillance spéciale qui leur est confiée. L'instruction militaire a pour base la théorie des chasseurs à pied, dans ce qu'elle a d'applicable aux bataillons de douane. (*Circ. du* 1er *mai* 1859, no 585.) V. no 97 T.

183—87. Art. 6, 7, 8, 12 et 34. *Rayer les indications relatives aux matelots ; et aux mots :* préposés à pied ou à cheval *ajouter :* et matelots. (*Circ. lith. du 19 mai* 1859.)

Art. 14, en note. Le versement que le postulant est tenu d'opérer à la caisse du receveur principal des douanes, avant de recevoir sa commission, *V.* n⁰ 74, p. 147, permet de lui fournir immédiatement les objets les plus indispensables, c'est-à-dire un mousqueton, une capote et une casquette-phécy. (*Circ. du 14 décembre* 1849, n⁰ 2560.)

Art. 17, 6ᵉ §. *Après le mot* annonce, *mettre* deux. *Ajouter :* un des exemplaires est déposé à la douane de Paris pour être communiqué aux fabricants.

Art. 49, en note. Le boni comprend aussi le produit de la vente des objets réformés, *V.* n⁰ 173, dernier §. Le procès-verbal est fourni à l'appui du compte de masse, modèle H, avec un extrait du livre-journal du receveur principal pour constater la prise en charge. (*Déc. du 5 avril* 1833.)

184—91. 13ᵉ §, en note. Les domestiques des agents financiers sont assimilés aux facteurs et gardiens compris dans la 3ᵉ des classes déterminées par l'arrêté de 1849. (*Déc. min. du 12 avril* 1859.)

185—97. P. 204, 4ᵉ §. Les employés appelés en témoignage devant un tribunal étranger n'ont pas à obtempérer à cette citation. Il y aurait d'ailleurs un grave inconvénient à ce qu'ils fussent astreints à révéler des faits se rattachant à des opérations commerciales accomplies en douane. Mais la justice étrangère reste libre de demander, par la voie de commissions rogatoires transmises au magistrat français, avec intervention diplomatique, les explications nécessaires ; après avoir pris les instructions de ses chefs, l'agent répond alors dans la mesure que détermine le mandat public dont il est investi. (*Déc. du 14 octobre* 1859.)

186—106. Si la veuve d'un agent retraité avant 1854 ne comptait pas alors 5 années de mariage, elle n'aurait pas droit à reversion ; mais par cela seul que le mariage était antérieur à la réforme de l'agent, la reversion temporaire serait acquise aux enfants au-dessous de l'âge de 16 ans. Dans le cas où, satisfaisant à toutes les conditions déterminées par l'ordonnance du 12 janvier 1825, la veuve ne serait pas âgée de 50 ans au moment du décès de son mari retraité avant 1854, il faudrait, si elle avait un ou plusieurs enfants au-dessous de 16 ans, produire l'acte de naissance du plus jeune. (*Déc. des* 1er *septembre* 1827 *et* 27 *août* 1859.)

—108. P. 217. *Rayer le* 4e §.

187—. P. 218, 4e §. *Après :* 2o acte, *mettre :* de mariage des parents; 3o actes de décès du père et de la mère, ou acte. A 3o, 4o, *substituer* 4o, 5o. *Ajouter :* et déc. des 27 août et 19 novembre 1859.

5e §. Les actes de l'état-civil doivent être revêtus du cachet de la mairie et légalisés par le président du tribunal civil. (*Déc. du* 19 *décembre* 1859.)

188—108 *bis.* L'administration transmet, par l'intermédiaire des directeurs et des receveurs principaux, les titres ou certificats de pension ; les reçus imprimés qu'elle adresse en même temps lui sont renvoyés après avoir été signés par les intéressés.

Les nos sous lesquels les pensions sont inscrites au sommier tenu à l'administration sont indiqués sur les certificats. Le directeur a soin de rappeler ces nos, ainsi que ceux de la 2e série, lorsqu'il entretient l'administration des pensionnaires. (*Déc. du* 5 *août* 1859.)

—109. *Ajouter :* V. no 106 T.

189—116. P. 225, 5e §. L'autorisation de mise en jugement n'est jamais refusée s'il s'agit d'un délit matériel qu'il aurait pu dépendre des agents inculpés de ne pas commettre. Mais l'administration soumet au garde des sceaux les considérations qui peuvent motiver l'indulgence des magistrats, et le procureur général du ressort reste juge de l'opportunité des poursuites. Au besoin, le directeur veille à ce que la défense soit convenablement assurée. (*Déc. du* 16 *novembre* 1859.)

190—. P. 227, 6e §, 2e ligne. *Ajouter :* alors même qu'une dégradation est infligée (*Déc. du* 17 *octobre* 1859.)

191—118. P. 232, 6e §. Les inspecteurs ou sous-inspecteurs divisionnaires et les directeurs effectuent leurs tournées en petite tenue : casquette-képy, tunique, pantalon bleu clair à bande garance. Ils ne prendraient le shako des douanes et l'épée des officiers supérieurs de l'armée que le jour où toutes les brigades seraient réunies pour concourir au service militaire. (*Déc. du* 18 *mai* 1859.)

Ainsi que les inspecteurs, les capitaines et les lieutenants doivent toujours être en uniforme dans leurs tournées de jour.

192—. P. 233, 2e et 3e §. Pour les marins, la *grande tenue*, d'hiver ou d'été, se compose ainsi : chapeau noir ciré ; veste, ayant le collet rabattu ; chemise de toile blanche, devants non façonnés, col bleu disposé de manière à pouvoir être rabattu un peu moins que celui de la marine de l'État, et orné de trois liserés blancs, poignets bleus ; cravate longue, d'étoffe de laine noire en hiver, de lasting en été, posée sur le cou, fixée devant au moyen d'un demi-nœud, descendant sur la poitrine et retenue au milieu par deux cordons qui l'entourent ; ceinture de laine rouge placée de manière à paraître au-dessous de la veste, environ de 3 centimètres ; pantalon bleu ; bottes, brodequins ou souliers-brodequins.

Si l'homme est sous les armes, la veste est fermée par les trois derniers boutons d'en bas, le haut restant ouvert. Le ceinturon est posé de façon à laisser paraître au-dessous une petite partie de la ceinture rouge. Le ruban des chapeaux porte le nom de l'embarcation lorsque les matelots forment un équipage spécial ; quand les matelots appartiennent à un port, le ruban reçoit simplement le mot douanes.

Petite tenue d'hiver : chapeau ciré ou berret de laine bleue, à bord rouge ; vareuse bleue, en dedans du pantalon ; cravate ; ceinture ; pantalon bleu.

Petite tenue d'été : chapeau de paille blanche ; chemise de cotonnade rayée dite mille raies, bleu et blanc ; col bleu avec liserés blancs ; cravate ; ceinture ; pantalon bleu.

Il doit, de plus, être fourni aux matelots : 1° une sorte de grande veste, en gros drap bleu, doublée de molleton de laine, c'est-à-dire le hulot, semblable à celui des marins de l'État et descendant à 20 centimètres au-dessus des genoux ; poches à pattes sur les côtes, boutons blancs d'uniforme, une ancre en drap rouge au coin du collet. Ce vêtement, porté le plus souvent par-dessus la vareuse, est ôté à bord quand les hommes manient l'aviron, et remis lorsqu'ils s'arrêtent, afin d'éviter les refroidissements. Il sert aussi pour la faction ; alors il est boutonné de haut en bas et le ceinturon est placé par-dessus. 2° Un cotillon en grosse toile grise, large et plissé sur la ceinture où il est fermé par deux gros boutons en os : lorsque les hommes sont embarqués, il préserve le pantalon. Afin de conserver l'uniformité de la tenue, les matelots ne doivent prendre le cotillon que sur l'ordre du patron. 3° Un étui ou sorte de fourreau de toile bleue, rayée, comme celui que les préposés portent sur le sac, il reçoit le hulot ou la veste de l'homme, et se fixe sous le banc, à la place de celui-ci, au moyen de deux courroies.

Il est d'ailleurs à remarquer qu'une bonne tenue suppose que, en service, les marins n'ont pas de bretelles. Le pantalon doit être retenu par la patte seulement et fixé par la ceinture rouge qui doit toujours être posée de manière à ne laisser apercevoir, dans le haut, aucune partie du pantalon.

Lorsqu'un chef supérieur embarque et que les matelots le reçoivent portant la veste, on tolère qu'ils aient la chemise de couleur afin qu'ils soient moins exposés à se salir s'ils nagent ou manœuvrent, cas auquel on ôte toujours la veste.

193—121. P. 237, 1er §. Ajouter : ils ont, à cet effet, en cas de citation, à se rendre à la première audience de la cour. (*Déc. du 3 octobre* 1859.)

194—. P. 238, 2e §. Les directeurs doivent envoyer à l'administration les anciens permis, en blanc ou nominatifs, restés sans emploi. (*Déc. du 5 janvier* 1859.)

195—122 *bis*. Dans les hôpitaux militaires, autres que ceux placés près des sources thermales, les agents de brigades sont admis au même titre que les militaires du grade correspondant. Il suffit à cet effet que le préposé soit muni d'un bulletin d'entrée délivré par le médecin de la brigade et visé par l'inspecteur. (*Déc. du 18 mars* 1859.)

196—125. P. 246, 2e §. *Aux deux premières lignes, substituer ceci :* Le certificat d'inscription, destiné à servir pour toutes les gestions dont le cautionnement est fixé au même taux, ne reste valable, lorsque l'employé qui y est désigné change d'arrondissement communal, et celui-ci ne peut d'ailleurs entrer en exercice

5e §, 2e ligne. *Rayer ces mots :* un certificat de non-opposition.

P. 247, 2e §, 1re ligne. *Au lieu de* semestre, *mettre* année, mois de janvier. (*Circ.* no 1502.)

P. 248, 4e §. *Rayer ces mots :* de réalisation.

197—129. Les agents de brigades ne peuvent prendre part aux travaux de la récolte. (*Déc. du 19 juillet* 1859.)

Sauf dans les cas de nécessité absolue, où leur intervention doit d'ailleurs être gratuite, il est interdit aux marins des douanes de se livrer au pilotage ou au lamanage. (*Déc. du 3 août* 1859.)

198—135. P. 260, 8e §. Un congé peut être obtenu sans retenue pour la première période de 30 ou de 15 jours, à titre de témoignage de satisfaction, et avec prélèvement de moitié du traitement pour la période complémentaire. (*Déc. du 27 juillet 1859.*)

P. 261, dernier §, 4e ligne. *Rayer ces mots :* dans l'ensemble. *Ajouter à cette ligne :* ou pour la même maladie.

Si, ayant déjà profité, dans l'année, d'un congé de trois mois, pour cause de maladie, l'agent suspend l'exercice de ses fonctions quelque temps après sa rentrée, il ne peut jouir de l'immunité, pour une nouvelle période, qu'autant que l'on reconnaît qu'il était complètement rétabli lors de son retour et que la dernière interruption ne se rattache point à la maladie primitivement constatée. (*Déc. des 3 et 9 décembre 1859.*)

199—160. *Matériel.* 12e §. L'état de lieux dressé par les employés, seuls, alors qu'une assignation n'a pas été donnée par huissier au propriétaire pour qu'il ait à y concourir, ne saurait être d'aucune valeur.

La douane n'a pas le droit de retenir le montant des loyers échus ; à défaut de clauses spéciales à cet égard, elle ne peut y être autorisée que par justice, à titre de compensation.

Si le tribunal est saisi des contestations, le receveur doit faire déposer, par avoué, les conclusions de la douane. (*Déc. du 18 novembre 1858.*)

200—166. Les embarcations de douane rentrent dans la catégorie des petits bâtiments à voile dispensés de l'obligation d'avoir des feux fixes en permanence. En effet, non-seulement elles peuvent avoir à exécuter de nuit des services secrets, mais, dans les temps de brume, elles s'abstiennent généralement de circuler en mer, et, en pareil cas, il leur est facile de mouiller sur des points rapprochés des rives, de manière à se préserver de toute rencontre dangereuse. Il convient seulement, par application de l'art. 7 du décret du 28 mai 1858, de pourvoir ces embarcations, sur le crédit du matériel, de fanaux destinés, au besoin, à être montrés la nuit à tout navire dont elles auraient à redouter l'abordage. (*Déc. du 20 juin 1859.*)

201—168. Les poids et mesures doivent être conformes à la loi du 4 juillet 1837. (*Circ. lith. du 25 février 1859.*)

202—179. *Déclaration.* 4e §. Il est interdit aux exploitants de magasins généraux ou de salles de ventes publiques, en gros, V. n° 224 S, de se livrer directement, pour leur propre compte ou pour le compte d'autrui, à aucun commerce ou spéculation ayant pour objet les marchandises. Ils peuvent, cependant, se charger des opérations et formalités de douane et d'octroi, déclarations de débarquement et d'embarquement, soumissions et déclarations d'entrée et sortie d'entrepôt, transferts et mutations. (*Décret du 12 mars 1859, art. 4*) ; mais ils ne peuvent exercer ces diverses attributions qu'en vertu de pouvoirs réguliers délivrés par les négociants intéressés. (*Circ. du 31 mars 1859*, no 581.)

203—226. 1er §, 6e ligne. *Au lieu du* no 9, *mettre* 2.

—231. P. 335, 1er §. *Ajouter :* loi du 21 avril 1818, art. 53.

P. 338, dernier §, 2e ligne. *Au lieu de* 12 décembre, *mettre* 25 août.

204—233. *Acquittement.* A moins de paiement définitif immédiat, c'est dans la colonne des garanties cautionnées que, en cas de consignation ou de soumission, doit figurer, au livre-journal, le montant des liquidations du droit de sortie. Chaque jour le solde de cette colonne, sauf les réalisations de la journée, doit pouvoir être représenté par le receveur, en acquits de paiement provisoirement conservés et appuyés d'une consignation ou d'une soumission cautionnée. (*Déc. des 16 janvier 1850 et 24 janvier 1859.*)

205—236. 10e §. Se conformant à l'art. 29 du code d'instruction criminelle, le comptable doit, lorsque l'importance des faits l'exige, effectuer entre les mains de l'officier de police judiciaire le dépôt des pièces falsifiées ou altérées. (*Circ. lith. du 7 avril 1852.*)

Note. 2e ligne. A ord. du 22 *substituer* loi du 10. *Ajouter :* les pièces d'or de 5 francs du diamètre de 14 millimètres. (*Circ. du 8 mars 1859*, no 579.)

206—239. Dernier §. Si l'ayant-droit refuse de recevoir le montant de la restitution d'une somme consignée, celle-ci est, dans les conditions rappelées au no 299 T, versée à la caisse des dépôts et consignations. (*Déc. du 14 mars 1859.*)

207—240. 4e §. *Au mot* fixé (*2e ligne,*) ajouter : au 5e § ou au 7e § de ce no.

5e §, 3e ligne; 7e §, 4e ligne. *Après le mot* liquidation *mettre :* quelles que soient les dispositions adoptées pour la régularisation des soumissions et sans jamais recourir, sauf le cas spécial qu'elle concerne, à l'exception rappelée au no 1123, note 2. (*Déc. du 22 juin 1859.*)

208—242. P. 347, 1er §. La déc. du 15 décembre 1837 n'est applicable qu'autant que le service est fondé à penser que le minimum donnant ouverture à l'escompte n'a été atteint que par la connivence d'intérêts divers. (*Déc. du 21 mars 1859.*)

209—243. P. 351, 3e §. L'engagement de la caution peut être signé par un tiers agissant en vertu d'une procuration spéciale, dont une expédition authentique reste alors déposée à la recette principale. (*Déc. du 30 novembre 1859.*)

210—258. P. 365, 6e §. Les cercles en fer, en bon état, servant de ligature des colis (balles de laine, de garance, de foin, etc.) sont soumis au droit spécial d'entrée, à moins que l'intéressé ne préfère les faire briser, en présence du service, de manière à ne pouvoir être utilisés que pour la refonte. Le poids de ces liens est, dans ce dernier cas, ajouté à celui de la marchandise si elle est taxée au brut. (*Déc. du 22 février 1859.*)

211—260. *Statistique. 4e §*, en note. Les chiffres de certains articles du commerce spécial à l'importation sont quelquefois supérieurs à ceux du commerce général. En effet, les marchandises qui, entrant dans la consommation, ont été extraites des entrepôts, ne se trouvent reprises au commerce spécial qu'après avoir figuré dans les comptes antérieurs du commerce général.

Mais à l'exportation, les chiffres du commerce spécial ne doivent jamais être plus élevés que ceux du commerce général. (*Circ. lith. du 20 janvier 1859.*)

212—263. 2e §. *Au lieu de* le 4 décembre 1851, *mettre* par circ. lith. du 22 décembre 1856.

Les marchandises sont classées dans l'ordre alphabétique, en comprenant sous une accolade celles appartenant à la même désignation générique.

4e §. *Ajouter :* le même mode est appliqué au montant, par article, des droits perçus, nulle fraction du franc ne devant être annotée. (*Circ. lith. du 20 janvier 1859.*)

L'état no 38 B indique, d'après la nomenclature donnée par la circ. lith. du 20 janvier 1859, les pays de destination des vins ordinaires, des alcools, des machines et mécaniques, des objets de modes, du sel et du sucre raffiné.

P. 273. *Rayer le 1er §.*

P. 374, 2e §. S'il existe des quantités admises à réfaction de droits, elles figurent sur une seconde ligne, en regard du mot : avarié, à l'article qui concerne la marchandise. (*Circ. lith. du 20 janvier 1859.*)

Les houilles destinées aux bâtiments à vapeur n'entrent que dans le commerce général. (*Circ. lith. du 20 janvier* 1859.)

P. 375, 1ᵉʳ §, 5ᵉ ligne. *Après le mot* bandes *mettre* journellement.

Relativement aux existences en entrepôt, c'est au quintal métrique qu'il faut présenter le *stock* cumulé des *autres marchandises*. (*Circ. lith. du 20 janvier* 1859.)

213—42 S. 2ᵉ §. En note. Si les marchandises sont expédiées en transit direct, c'est-à-dire avec destination immédiate pour l'étranger, la constatation de l'importation doit être opérée immédiatement, sauf à modifier ensuite les écritures en cas de changement inattendu de destination. Quand, au contraire, on ne sait pas s'il s'agit d'un transit direct, en d'autres termes, lorsque les marchandises sont dirigées sur un autre bureau, soit de l'intérieur, soit de la frontière de terre ou de mer, on doit attendre le retour de l'acquit-à-caution pour faire état, s'il y a lieu, des marchandises. (*Circ. lith. du 5 décembre* 1859.)

3ᵉ §. En note. Les bureaux de destination de la frontière ont à constater, au commerce général, *la sortie* des marchandises expédiées en transit direct ; comme les douanes de l'intérieur, ils doivent prendre en charge, *à l'importation,* les marchandises qui, venues directement de l'étranger, de quelque point que ce soit, par convois internationaux, restent dans la localité pour y être l'objet d'opérations ultérieures d'admission temporaire, d'entrepôt ou d'autre nature ; enfin, ils doivent agir de même, mais au *commerce spécial* seulement, à l'égard des marchandises qui, extraites d'entrepôt, y arrivent pour être livrées à la consommation après le paiement des droits. (*Circ. lith. du 5 décembre* 1859.)

4ᵉ §. Les bureaux d'expédition, de l'intérieur ou des frontières, ne doivent constater les exportations avec prime ou les réexportations, soit à la sortie d'entrepôt, soit par suite d'admissions temporaires, que dans le cas où le passage à l'étranger s'effectue par terre. Lorsqu'il s'accomplit par la voie maritime, c'est le bureau de destination qui est chargé de les prendre en compte. (*Circ. lith. du 5 décembre* 1859.)

214—270 T. Dernier §. *Comptabilité. Ajouter :* il en est de même des états de gratifications. *V.* nᵒ 124. — Nᵒ 272. 9ᵉ §, 4ᵉ ligne. *Rayer ce qui suit* 1859. — Nᵒ 278. 5ᵉ §, 9ᵉ ligne. *Ajouter : V.* nᵒ 63 T. — 9ᵉ §. Les mandats de paiement doivent toujours être signés soit par le directeur, soit par l'intérimaire, *V.* nᵒ 92

T , ou, selon le cas, par le premier commis pour le directeur, en tournée ou malade, V. n° 2176. (*Circ. lith. du 24 février 1859.*)

—52 S. Dernier §. *Ajouter :* ni à tous les héritiers autres que la veuve et les enfants. (*Déc. du 20 février 1860.*)

—297. 3e §. *Rayer la dernière ligne.*

Importations.

215—541. *Transit international par chemins de fer.* 6e ligne. *Après le mot* autre *mettre* timbrée. *Ajouter :* et circ. lith. du 5 décembre 1859.

Note. *Ajouter :* et circ. lith. du 5 décembre 1859.

Aux soumissions-acquits-à-caution se rapportant à la fois à des marchandises extraites d'entrepôt et à des marchandises d'importation immédiate, doivent être annexées des déclarations-permis série M, n° 34. (*Circ. lith. du 5 décembre 1859.*)

216—559. Les condamnations réalisées dans les cas d'infraction au régime des transports internationaux sont réparties suivant les dispositions énoncées au n° 2322. (*Déc. du 12 février 1859.*)

217—561. Sauf le cas spécial prévu par l'art. 22 de la loi du 9 février 1832, V. n°s 464 et 1962, c'est le dépôt seul qui doit être constitué le 12e jour du retard dans l'expédition ou l'embarquement des marchandises étrangères, soit à l'entrée, soit à la sortie ; et le droit de garde, V. n° 1967, n'est ensuite perçu qu'à partir du 9e jour de l'inscription de ce dépôt. (*Déc. du 1er mars 1859.*)

218—563. Le service n'a pas à constater l'absence ou la rupture des cadenas ; la décharge des acquits-à-caution n'est subordonnée à des réserves qu'en cas d'altération du plombage, V. n° 69 S, ou de différences dans les marchandises. V. n° 559 T. (*Déc. du 28 février 1859.*)

219—563. Le service doit toujours indiquer, avec soin, sur les soumissions-acquits-à-caution, la destination réelle donnée à chaque partie de marchandises représentées, comme aussi, en cas de déclarations incomplètes à l'entrée, les désignations rectifiées. (*Déc. des 25 mai 1858 et 7 juillet 1859 ; circ. lith. du 5 décembre 1859.*)

Les pièces annexées aux soumissions-acquits-à-caution (feuilles d'origine, factures, déclarations, permis, série M, n° 34, ou autres), doivent être conservées aux bureaux de destination (sauf en cas de transit direct), toutes les fois que ces bureaux ont à prendre en compte les marchandises, à l'entrée ou à la sortie,

V. n° 213 S. Les soumissions-acquits-à-caution et les relevés récapitulatifs, série T, n° 31, délivrés aussi pour certaines opérations, notamment pour les exportations avec ou sans primes, sont seuls renvoyés au bureau d'expédition. Mais lorsqu'au contraire ce sont les bureaux d'expédition qui doivent faire état des marchandises, ces pièces sont renvoyées en même temps que les acquits-à-caution et les relevés n° 31. Il en est de même lorsqu'il s'agit d'un transit direct, quoiqu'il y ait alors prise en charge à la sortie aussi bien qu'à l'entrée. (*Circ. lith. du 5 décembre* 1859.)

220—568. En matière de contravention aux lois de douanes sardes commise dans la gare mixte de Culoz, les autorités françaises se chargeront, à la requête des autorités sardes :

D'entendre des témoins, de procéder à des recherches ou informations, et de notifier le résultat de ces démarches aux autorités sardes ;

De faire parvenir aux prévenus et témoins les assignations et significations des jugements émanés des tribunaux sardes. (*Art. 14 de la convention conclue le 23 novembre 1858 entre la France et la Sardaigne; décret du 8 janvier 1859; circ. du 1er février suivant*, n° 571.)

Pour ce qui regarde les délits et crimes commis dans la gare ou sur la voie, et qui tombent sous l'application des lois et ordonnances françaises, la compétence des tribunaux ordinaires français est expressément réservée. (*Même convention*, art. 15.)

Il pourra être établi, sur le territoire sarde, un bureau de douanes français, dans une gare mixte internationale. En conformité de la législation française, les contraventions douanières qui seraient éventuellement constatées par ce bureau devront être déférées au tribunal de paix français le plus rapproché du lieu. (*Même convent.*, art. 18.)

221—576. *Restrictions.* 2e §. *Rayer* : Evrange. *Après* Sierck, *mettre* : pour les seules opérations effectuées par la Moselle. *Ajouter* : Bois-d'Aumont (Jura). (*Décret du 26 septembre* 1859 ; *circ.* n° 612.) Thionville (station du chemin de fer) et Apach (Moselle). (*Décret du 31 décembre* 1859 ; *circ.* n° 617.) Bailleul (Nord). (*Décret du 23 janvier* 1860 ; *circ.* n° 622.)

—579. 1re ligne. *Aux mots* aux fuseaux, *substituer ceux-ci* : à la main. (*Circ. du 26 février* 1859, n° 576.)

—580. 581. *Rayer* : Sierck.

580. 581. 582. 586. *Ajouter* : Thionville (station du chemin de

fer) et Apach (Moselle). (*Décret du 31 décembre 1859 ; circ.*
n° 617.)

582. 586. *Après* Sierck *mettre :* pour les seules opérations
effectuées par la Moselle. (*Décret du 31 décembre 1859; circ.*
n° 617.)

592. 4ᵉ §. *Ajouter :* et tarif, n° 33 des observ. préliminaires.

611, 20ᵉ ligne; 613, 6ᵉ ligne. *Aux mots* aux fuseaux *substituer
ceux-ci :* à la main. (*Déc. min. du 16 février 1859; circ. du 26,*
n° 576.)

—646. P. 565, 3ᵉ §. A 2844 *substituer* 1844.

—647. 2ᵉ §, 2ᵉ ligne. *Au lieu de* avril *mettre* août.

Entrepôts.

222—649. 2ᵉ §. *Ajouter :* Fécamp. (*Déc. du 21 novembre
1858 ; circ. du 24 février 1859*, n° 574.) Saint-Nazaire. (*Décret
du 3 juillet 1857; circ. du 17 octobre 1859*, n° 613.)

223—651. Les marchandises étrangères qui, exemptes de
droits d'entrée, sont similaires de marchandises d'origine nationale affranchies de taxes à la sortie, ne doivent pas être admises
en entrepôt réel. Il importe qu'elles ne viennent ni encombrer
les entrepôts ni faciliter des substitutions; et les négociants n'ont
aucun intérêt à ce qu'il en soit autrement. (*Déc. du 16 mars 1859.*)

Le droit de réexportation ne serait d'ailleurs pas exigible à
l'égard de celles de ces marchandises qui déjà auraient été
reçues en entrepôt. (*Même déc.*)

224—652. *Ajouter :* et circ. du 31 mars 1859, n° 581.

Les magasins généraux pour le dépôt, sous récépissés et
warrants transmissibles, de matières premières, marchandises ou
objets fabriqués, (*Loi du 28 mai 1858, art.* 1ᵉʳ) ou pour la
vente publique, aux enchères, et en gros. (*Autre loi du 28 mai
1858, art.* 1ᵉʳ) V. n° 225 S, autorisés par le gouvernement,
sur demandes adressées par les préfets au département du commerce, peuvent soit être placés, avec appropriation distincte,
dans les locaux soumis au régime de l'entrepôt réel, soit recevoir
des marchandises d'entrepôt fictif; mais alors le ministre des
finances est préalablement consulté afin d'empêcher que les entrepôts réels ne soient détournés de leur affectation spéciale, et
de mettre obstacle à ce que des magasins généraux ne puissent
être constitués pour des marchandises d'entrepôt fictif hors de

l'enceinte des villes. (*Décret du 12 mars 1859, art.* 1er; *circ. du 31, n° 581*).

Les marchandises étrangères, soit placées en entrepôt réel et constituées en dépôt sous récépissé, soit d'entrepôt fictif introduites dans les magasins généraux, restent soumises à toutes les conditions des règlements de douane. (*Même décret, art.* 7.)

Les employés de douane n'ont ni la qualité convenable, ni le temps suffisant pour être investis d'aucune mission spéciale relativement aux magasins généraux : ils n'ont qu'à certifier sur les récépissés (titres de propriété), ou sur les warrants (bulletins de gage pour une créance dont le chiffre est déterminé), quand la demande leur en est faite, l'existence en entrepôt réel des marchandises étrangères soumises à ce régime, sans recensement préalable, ni examen, ni indication de la valeur. Sous aucun prétexte, le service ne saurait délivrer de certificats à l'égard de marchandises en entrepôt fictif dans des magasins dont le commerce seul a la clef. (*Circ. du 31 mars 1859, n° 581.*)

Les récépissés et les warrants peuvent être transférés par voie d'endossement, ensemble ou séparement. (*Loi du 28 mai 1858, art.* 3.)

L'endossement du warrant séparé du récépissé vaut nantissement de la marchandise au profit du cessionnaire du warrant.

L'endossement du récépissé transmet au cessionnaire le droit de disposer de la marchandise, à la charge par lui, lorsque le warrant n'est pas transféré avec le récépissé, de payer la créance garantie par le warrant, ou d'en laisser payer le montant sur le prix de la vente de la marchandise. (*Même loi, art.* 4.)

Pour les produits existant en entrepôts réels ou fictifs, le service des douanes ne peut, sur la production du récépissé endossé (réuni au warrant ou séparé du warrant), se refuser, quand la demande lui en est faite, à inscrire les marchandises au nom de la personne à qui le récépissé a été transféré. Seulement, en rappelant sur les registres le numéro et la date du récépissé, on doit, pour les marchandises d'entrepôt réel, faire signer le nouveau propriétaire sur les sommiers, et pour les marchandises d'entrepôt fictif, ou entreposées sous soumissions, exiger de nouveaux engagements et de nouvelles cautions. Le transfert, pour le service, est alors réputé consommé, sans que les anciens entrepositaires, dont les comptes doivent être annulés, aient à intervenir pour faire acte de cession. Un nouveau mode de transfert se trouve ainsi ajouté, pour les marchandises déposées dans les entrepôts sous le régime des magasins généraux, aux autres modes tracés pour les transferts dans les conditions ordinaires. (*V.* n° 675 T.)

Le service ne connaît d'ailleurs comme propriétaires des marchandises et responsables de l'accomplissement des conditions règlementaires que les négociants au nom desquels l'inscription reste régulièrement faite aux sommiers ; sans avoir à rechercher s'ils ont été ou non dépossédés par des récépissés ou warrants qui n'auraient pas été représentés. (*Circ.* n° 581.)

A défaut de paiement à l'échéance, le porteur du warrant, séparé du récépissé, peut, huit jours après le protêt, ou huit jours après l'échéance, si le souscripteur primitif du warrant l'a remboursé, faire procéder à la vente publique, aux enchères et en gros, des marchandises engagées. (*Loi du* 28 *mai* 1858, *art.* 7.)

Les agents du service doivent, dans ces deux cas, sur la réquisition écrite du chef de l'exploitation des magasins généraux, ou bien seulement, dans le premier cas, sur la justification du protêt, et, dans le second, sur la production du warrant acquitté, donner toutes facilités pour la vente des produits, en se conformant aux règles pour les ventes de marchandises en gros. Il faut remarquer, d'ailleurs, qu'avant la vente, celui à la requête duquel elle s'opérera devra être substitué sur les registres d'entrepôt aux entrepositaires dépossédés, signer à leur place les déclarations, et, s'il s'agit de marchandises en entrepôt fictif, être astreint à l'obligation de souscrire une nouvelle soumission et de donner une nouvelle caution, de manière à ce que les droits du Trésor demeurent toujours garantis. (*Circ.* n° 581.)

En vue de satisfaire aux vœux unanimement exprimés à ce sujet par le commerce et les établissements de crédit, le privilége attribué au Trésor, *V.* n° 52 T, est réduit, pour les marchandises constituées en dépôt sous récépissé (magasins généraux), au montant des droits spécialement dûs par ces marchandises. (*Loi du* 28 *mai* 1858, *art.* 8, § 1er.)

Toutes les fois que la demande leur en est faite, les agents des douanes doivent fournir aux gérants des magasins généraux les renseignements nécessaires pour établir la liquidation des droits dont les marchandises désignées se trouvent grevées au moment où ces indications sont réclamées.

Les agents des douanes s'assurent que ceux des récépissés ou warrants qui doivent leur être produits dans certains cas sont ré-

2

gulièrement timbrés, conformément à l'art. 3 de la loi du 28 mai 1858. V. n° 2159, note, T. (*Circ.* n° 581.)

225—. Quant aux ventes publiques, aux enchères et en gros, V. n° 224 S, qu'il s'agisse de ventes volontaires ou sur warrants protestés (*Circ. du 5 décembre* 1859, n° 615), il est à remarquer que le service des douanes ne s'en occupe qu'à l'égard des produits exotiques suivants : 1° denrées alimentaires et matières premières nécessaires aux fabriques, destinées à la consommation ou à la réexportation; 2° tout autre produit quelconque, qu'on ne peut mettre ainsi en adjudication que pour la réexportation. (*Loi du 28 mai* 1858, *art.* 1er; *tableau.*)

Lorsque le commerce fera procéder à une vente publique de marchandises d'entrepôt constituées en dépôt sous récépissé, la douane devra en être informée au préalable par la remise du catalogue. Elle annotera sur les registres ceux des produits non prohibés à l'entrée, par le tarif, et qui, par application des conditions de la vente publique, ne devront être vendus que sous réserve de renvoi à l'étranger; et comme, par le fait même de cette *mise en vente sous la condition exclusive de réexportation*, les propriétaires de la marchandise auront ainsi renoncé à la faculté d'acquitter les droits pour la consommation, la douane refusera de recevoir toute déclaration ultérieure pour cette destination. Si l'on demandait à expédier les produits vendus sous cette réserve sur un autre entrepôt, ou à les réexporter par la voie du transit, les acquits-à-caution qui seraient alors délivrés devraient mentionner que ces produits ne peuvent être acquittés, par ces mots écrits en grosses lettres : *prohibé à la consommation, loi du* 28 *mai* 1858, afin que l'obligation qui les frappe ne puisse nulle part être éludée. On continuera néanmoins, comme il ne s'agit pas ici d'une prohibition résultant des lois de douane, à délivrer des acquits-à-caution de la formule usitée pour les marchandises admissibles à la consommation.

A l'égard des marchandises vendues publiquement en gros, les anciens propriétaires, et ceux qui auront fait opérer la vente dans ces conditions, ne seront libérés vis-à-vis de la douane que lorsque les acquéreurs auront signé sur les sommiers, s'il s'agit de produits placés en entrepôt réel, ou lorsqu'ils auront souscrit de nouveaux engagements et fourni de nouvelles cautions, s'il s'agit de marchandises entreposées sous soumissions.

Pour les marchandises d'entrepôt réel, l'exposition et la vente devront avoir lieu sans déplacement et dans les locaux mêmes de l'entrepôt *où lesdites marchandises resteront sous la main de la douane jusqu'à la réexportation ou l'acquittement des droits.* Toutefois la vente pourra en être effectuée dans d'autres locaux que ceux de l'entrepôt, si cette vente peut être opérée sur échantillon, en laissant les marchandises à l'entrepôt, où d'ailleurs elles pourront être préalablement examinées. En toute hypothèse, l'examen, l'exposition, la vente et le prélèvement des échantillons ne pourront avoir lieu que pendant les heures légales d'ouverture des bureaux et sous la surveillance du service. De même aussi les *marchandises d'entrepôt fictif* ne pourront être déplacées pour la vente sans une déclaration préalable de changement de magasin faite à la douane. Enfin, s'il s'agissait de marchandises étrangères qui dussent être vendues aussitôt après leur arrivée de l'étranger, sans être conduites en entrepôt, l'exposition et la vente de ces marchandises ne pourraient avoir lieu également que sous la surveillance de la douane, dans des locaux affectés à son service ou gardés par elle habituellement. (*Circ. du* 31 *mars* 1859, nº 581.)

Les lots ne peuvent être, d'après l'évaluation approximative et selon le cours moyen des marchandises, au-dessous de cinq cents francs; mais ce minimum peut néanmoins être élevé ou abaissé, dans chaque localité, pour certaines classes de marchandises par arrêté du ministre de l'agriculture, du commerce et des travaux publics, rendu après avis de la chambre de commerce ou de la chambre consultative des arts et manufactures. (*Décret du* 12 *mars* 1859, *art.* 25.)

Note du nº 652. *Rayer.*

718. Note. 5e ligne. *A* 909 *substituer* 988.

226—724. 1ᵉʳ §, 4e ligne. *Ajouter* : Fécamp. (*Décret du* 21 *novembre* 1858; *circ. du* 24 *février* 1859, nº 574.) Saint-Nazaire. (*Décret du* 5 *juillet* 1857; *circ. du* 17 *octobre* 1859, nº 613.)

227—737. 2e nomenclature. *Mettre en note :* Les produits désignés comme devant arriver sous pavillon français ne sont pas admissibles en entrepôt fictif lorsqu'ils sont importés d'Angleterre par navires anglais. (*Décret du* 10 *mai* 1859.)

228—744. Les marchandises étrangères d'entrepôt fictif peuvent être, au gré du commerce, soit déposées dans les magasins généraux (*V.* nº 224 S), soit transférées dans les entrepôts réels, là où les locaux de ces derniers établissements sont assez spacieux. (*Circ. du* 31 *mars* 1859, nº 581.)

Transit.

229—791. Dernier §, 2º ligne. *Après le mot* délais, *mettre :* qui ne sauraient excéder deux mois et seront habituellement beaucoup plus courts.

230—809. Les fils de fer sont admis au transit en *vrac,* sous la condition que les rouleaux en bottes seront classés par diamètre de fils et qu'un rouleau par catégorie de fils sera emballé et plombé à titre d'échantillon pour être représenté, à la sortie, avec l'acquit-à-caution énonçant, outre les autres indications nécessaires, le poids de chaque échantillon et le diamètre du fil de fer. (*Déc. du 14 septembre* 1859.)

231—846. *Au 4º § relatif aux bêtes à cornes, ajouter :* béliers, brebis, moutons et agneaux; boucs, chèvres et chevreaux.

232—848. 2º §. *Rayer* Évrange. *Après* Sierck *mettre :* pour les seules opérations effectuées par la Moselle. *Ajouter* Bois-d'Aumont* (Jura). (*Décret du 26 septembre* 1859; *circ.* nº 612.) Thionville* (station du chemin de fer) et Apach* (Moselle). (*Décret du 31 décembre* 1859; *circ.* nº 617.)

Admissions temporaires.

233—853. Les contraventions au sujet de marchandises qui, dès l'arrivée, sont déclarées pour l'admission temporaire, entraînent les pénalités énoncées aux nºˢ 224 à 228 T.

Si une fausse déclaration concerne des marchandises expédiées, à l'arrivée, sous le régime du transit international, *V.* nº 535 T, et déclarées, à destination, pour l'admission temporaire, on applique, au premier bureau, les pénalités indiquées au nº 533 T pour substitution, et, au second bureau, les nºˢ 224 à 228. Les deux directions se concertent d'ailleurs conformément au nº 2293.

Les pénalités rappelées au nº 851 sont relatives aux faits ultérieurs. (*Déc. des 16 mai* 1857 *et 4 juillet* 1859.)

234—862. 9º ligne. *Après le mot* fraude *mettre :* quant à la nature, à l'espèce ou à la qualité des marchandises. (*Déc. du 12 septembre* 1859.)

Lorsque des marchandises sont présentées à la décharge de plusieurs acquits-à-caution, le service doit exiger que le déclarant indique dans quelle proportion il entend faire opérer l'imputation relativement à chacun d'eux. Les employés procèdent alors à l'apurement successif de ces expéditions, dans l'ordre où l'intéressé les produit, de sorte que le déficit final porte sur la dernière. (*Déc. du* 12 *septembre* 1859.)

235—868. Note 1. Pour les importations effectuées sous un pavillon étranger assimilé au pavillon français par les traités de commerce, V. Livre XI, ch. XIII, il y a exemption de certificat d'origine. V. nº 854 T.

236—871. Dernier §. L'huile provenant de la trituration des graines peut être épurée; mais le rendement légal n'est pas modifié. (*Déc. du* 19 *mars* 1859.)

237—880. Dernier §, 2ᵉ ligne. *Après le mot* feu *mettre* ou de la rouane. (*Déc. du* 1ᵉʳ *mars* 1859.)

238—889. Note, dernier §. *Ajouter :* Pour les dispositions spéciales aux fers, V. nº 890.

—890. P. 683. Note 1. Des objets en tôle ne peuvent être admis à la décharge de fers ronds. (*Déc. du* 19 *mars* 1859.)

239—890 *bis.* Après sa vérification à l'arrivée, le service n'a pas à intervenir pour suivre et contrôler la mise en œuvre des métaux admis temporairement. Les intéressés restent libres, dès-lors, de substituer, dans la fabrication, aux métaux étrangers, des fontes et des fers français. (*Déc. du* 21 *septembre* 1859.)

240—901. (rayé.) dernier §. *Ajouter :* Dans aucun cas, ces objets ne peuvent être débarqués pour être admis en entrepôt.

Exportations.

241—908. P. 696, 1ᵉʳ §. *Rayer :* poteries de terre grossière. (*Circ.* nº 614.)

242—911. Dès que s'est terminé l'embarquement soit des marchandises d'exportation ordinaire visitées sur le quai, soit des marchandises de primes ou de réexportation qui, vérifiées au bureau, sont soumises à quai à un contrôle et provisoirement consignées aux préposés factionnaires, les permis sont régularisés par le préposé d'écor (coté à bord du navire) ou de penthières (opérant sur le quai) et par le sous-brigadier de penthières chargé de les déposer au poste où on les enregistre sur un registre *ad hoc.* Il en est fait un extrait formant le carnet de consignes. Dans les *grands ports*, un autre extrait constitue une *feuille* dite *de chargement* (1) qui est remise, le matin et dans la journée, au service maritime pour s'assurer que les marchandises désignées sont restées à bord et en certifier en marge de chaque article (2). Cette feuille rentre successivement au poste jusqu'à ce que, le départ du navire étant signalé par le service maritime, on la fasse parvenir au corps-de-garde central où les permis de primes ou de réexportation ont été réunis et peuvent alors recevoir le certificat de sortie. (*Déc. du 30 avril* 1859.)

—919. 3e §. *Ajouter : V.* n° 242 S, note 1.

—930. 3e §, 3e ligne. A 109 *substituer* 609.

Cabotage.

243—945. 2e §. *Ajouter :* Comme les autres marchandises, celles qui auraient été chargées en mutation d'entrepôt ne seraient admises au port de destination, sans égard à la provenance primitive, que sous l'acquittement des droits afférents aux importations du pays étranger où le navire aurait en dernier lieu relâché. *V.* n°s 18 et 20 T. (*Circ. du 25 juin* 1859, n° 598.)

—952. *Rayer ce n°. V.* n° 244 S.

244—953. *Rayer cet article, sauf le dernier §; rayer aussi le* n° 94 S.

Les navires français, à voiles ou à vapeur, affectés à la navigation entre les divers ports de France, ou entre ces ports et l'Algérie, ou réciproquement, peuvent relâcher à l'étranger et y effectuer des opérations de commerce, sous les conditions suivantes :

1° Pourront faire escale à l'étranger, y pratiquer des débarquements et y embarquer des produits étrangers de toute sorte, même similaires de ceux embarqués sur le territoire français ou colonial, les bâtiments caboteurs dont la cale sera divisée en compartiments séparés, solidement établis, ayant chacun leur affectation spéciale, et dans lesquels seront placés distinctement d'abord les marchandises expédiées de France en cabotage ou en

(1) Cette feuille est indispensable *dans les grands ports* à raison de la multitude et de l'importance des opérations ; dès que le chargement est terminé, elle met le service à même d'agir comme s'il avait le manifeste qui, nonobstant les prescriptions rappelées au n° 919 T, ne saurait, à défaut de temps, être formé dans ces ports où il est remplacé par une déclaration ne donnant aucun détail.

(2) Lorsque les marchandises, étant encombrées à bord, ne peuvent être reconnues, le service examine le livre dit *sous-bord* tenu par le capitaine ou par le sous-patron qui, si elles n'y figurent pas, signe, sur la feuille de chargement, une annotation indiquant que telles marchandises n'ont pas été embarquées.

mutation d'entrepôt pour un autre port de France; dans un autre compartiment, les produits chargés dans la métropole pour l'Algérie, et, au retour, les marchandises chargées en Algérie à destination de la métropole; troisièmement, les marchandises embarquées en France ou en Algérie à destination des ports étrangers d'escale, et les marchandises étrangères qui sont prises dans ces mêmes ports à destination de la France ou de l'Algérie. Les panneaux des deux compartiments destinés à contenir les produits chargés sous le régime du cabotage à destination des ports français ou coloniaux seront disposés de manière à pouvoir être fermés au moyen du plombage. L'apposition du plomb des douanes sur ces compartiments dispensera du plombage par colis, dans les cas où elles y sont soumises, d'après les règlements, les marchandises de cabotage; mais les colis contenant des marchandises chargées en mutation d'entrepôt continueront à être plombés isolément.

2° Les navires dont la cale n'aura pas été ainsi divisée par compartiments sont pareillement autorisés à relâcher à l'étranger et à y effectuer des débarquements et embarquements; mais ils ne pourront ni embarquer à l'étranger des produits similaires de ceux pris en France ou en Algérie (1), ni charger en France ou en Algérie, sous le régime du cabotage ou des mutations d'entrepôt, des produits similaires de ceux embarqués d'abord dans les ports d'escale (2), sans encourir pour le reste de la cargaison l'application des règles énoncées au n° 945 T.

3° Lorsqu'un navire, quelle que soit son installation, devra effectuer une opération mixte de cabotage et de navigation inter-

---

(1) La défense d'embarquer à l'étranger des similaires ne s'applique pas aux bagages, provisions et objets de fantaisie des passagers ou des hommes de l'équipage. (*Déc. du 24 juin* 1859.)

(2) La réserve relative aux similaires a pour but de prévenir les substitutions entre des marchandises passibles de taxes différentielles.

Les laines, les peaux, les dattes et les légumes secs étant identiques en Algérie et en Tunisie, on en a, par exception, permis l'embarquement dans ce dernier pays, alors même qu'il y en aurait à bord des navires français sans compartiments, mais sous les conditions suivantes : 1° les poids, la nature et la qualité de celles de ces marchandises prises en Algérie devront être exactement déclarés; 2° au départ, comme à l'arrivée, elles seront soumises à des vérifications d'épreuve assez multipliées et assez approfondies; 3° les colis contenant ceux de ces produits qui ne sont pas assujétis au plombage, seront, au départ, marqués d'une estampille humide, rouge, propre à les distinguer des similaires étrangers. (*Déc. du 11 juin* 1859.)

nationale, la déclaration en sera faite au port de départ au moment de la mise en charge de ce navire, et il en sera fait mention sur le manifeste de sortie (1).

4º Au départ des ports de France ou de l'Algérie, comme à l'arrivée, il sera procédé à des vérifications d'épreuve suffisantes pour garantir l'exactitude des déclarations quant au poids ou à la quantité, à la nature et à la qualité des marchandises : les expéditions contiendront aussi tous les détails particuliers propres à en faire reconnaître sûrement l'identité au port de destination.

5º Les capitaines, en cas de relâche à l'étranger, devront se pourvoir de certificats soit des agents consulaires de France, soit, à leur défaut, des douanes locales étrangères, attestant que les marchandises chargées en France pour l'Algérie ou en Algérie à destination de la métropole sont restées à bord, et indiquant le nombre des colis et la nature des produits embarqués dans les ports étrangers d'escale.

Il demeure, au surplus, entendu que tout navire qui aurait fait usage de la faculté d'escale ainsi accordée pour relâcher volontairement dans un port des possessions britanniques en Europe, serait assujéti, à l'arrivée, au payement des droits de tonnage dans les cas où ils sont dûs par les bâtiments français venant directement de ces mêmes ports. (*Déc. min. du 4 juin 1859; circ. du 25, nº 598.*)

245—956. Afin d'obtenir toute la célérité et la régularité désirables, il a été établi, *dans un grand port,* sur les points de stationnement des navires à vapeur affectés à la navigation entre les divers ports de France ou entre ces ports et ceux de l'Algérie, des sections spéciales de cabotage pour recevoir les déclarations, en assurer les effets et viser les manifestes de sortie.

Les dispositions adoptées en conséquence sont les suivantes :

Dans chacune de ces sections spéciales, le commis qui reçoit les doubles déclarations doit examiner si elles sont régulières, leur donner le numéro d'ordre du registre série M nº 24, y apposer le permis d'embarquer, remettre immédiatement une des expéditions aux intéressés, et terminer ensuite l'enregistrement. Les déclarants qui n'attendraient pas perdraient leur tour.

Sauf une autorisation du sous-inspecteur, on refuse les décla-

(1) A l'égard des exportations de salaisons à destination des pays hors d'Europe, le service doit s'abstenir de mentionner, sur les permis, l'escale en Angleterre etc. (*Déc. du 11 octobre 1859.*)

rations qui ne sont pas produites une heure au moins avant soit le départ du navire, soit la fermeture du bureau.

L'intéressé présente la déclaration-permis au sous-officier, adjoint, sous le nom de sous-coteur, au vérificateur de la section; ce sous-officier, après enregistrement de la déclaration sur l'un des deux carnets de visite, désigne, sur le carnet et sur le permis, le préposé qui, parmi les agents d'écor dits de penthières, sera appelé à suivre et à constater l'embarquement.

Avant de se rendre sur le quai, le vérificateur réunit cinq, dix ou quinze permis, selon l'importance des opérations, et se munit du carnet où ils figurent.

Aussitôt qu'il a reconnu les marchandises dans les conditions règlementaires (1), cet employé constate, sur le terrain même, le résultat de la visite, tant au carnet qu'aux permis, et il remet ceux-ci au préposé de penthières qui a été coté.

Cet agent reconnaît l'espèce et le nombre des colis et veille à ce qu'on ne les enlève que pour les embarquer sous sa surveillance. A l'issue de l'embarquement, il en certifie sur le permis. Il tient séparément les permis qu'il a ainsi régularisés.

Un sous-brigadier dit de penthières suit le travail des préposés de penthières; il surveille avec eux le mouvement des colis, certifie aussi sur les permis l'embarquement dès qu'il est terminé, et retient les permis régularisés qu'il rapporte d'heure en heure au commis du bureau. C'est à ce sous-officier que doit être réclamé tout permis en retard.

Au fur et à mesure qu'ils lui parviennent, le commis rapproche les permis des déclarations-souches et reporte sur celles-ci le résultat de la visite et de l'embarquement; il communique aux expéditionnaires ou aux courtiers des paquebots soit les permis, soit, en cas d'urgence, sans déplacement alors et dans le bureau même, les déclarations-souches, pour la formation du manifeste qu'il remet au capitaine ou à son courtier après contrôle et visa: bon pour sortir du port.

Le manifeste doit être régularisé avec beaucoup de soin. S'il était aidé à ce sujet par le capitaine ou le courtier, le commis tiendrait les permis-expéditions et se ferait appeler les articles du manifeste. (Déc. du 30 avril 1859.)

_____

(1) Il importe surtout de s'assurer soit par l'ouverture des colis, soit par le sondage, de la nature des marchandises; le vérificateur ne doit jamais se dispenser de reconnaître les colis par marques et numéros et d'en faire le dénombrement.

—985. Dernier §, 1re ligne. *Au lieu du* n° 224, *mettre* 435.

246—1004. Note 3. Les sommes versées à titre de paiement de la valeur d'objets prohibés à la sortie et non rentrés sont acquises au trésor : l'amende seule est mise en répartition. (*Déc. du 7 décembre* 1859.)

Navigation.

247—1032. 1er §. *Ajouter :* et circ. du 24 août 1859, n° 604.

Dernier §. *Aux quatre premiers mots, substituer ceux-ci :* les directeurs ont. *Ajouter :* circ. du 24 août 1859, n° 604.

248—1043. Dernier §. On doit, en tête des projets d'actes de francisation pour les yachts, *V.* n° 1082, note 14, inscrire, en gros caractère, les mots : yacht de plaisance. Un brevet spécial est alors délivré. (*Circ. du 2 juin* 1859, n° 592.)

249—1051. Dernier §. La mention, au verso de l'acte de francisation, des mutations survenues dans la propriété n'étant faite qu'en vue des droits du Trésor, le service doit se refuser à toute inscription relative à des intérêts privés, par exemple, à un nantissement du navire à titre de garantie. (*Déc. du 27 septembre* 1859.)

—1072. 9e §. *Rayer ce* §.

250—1082. P. 107. Note 10 *bis.* Le navire qui, effectuant dans plusieurs ports le déchargement de sa cargaison, est, dans chacun d'eux, passible des droits de tonnage, *V.* note 18, n'obtient que dans le dernier l'immunité relative à l'exportation des sels. (*Déc. du 6 juin* 1859.)

251. — Note 14, 6e §. Les yachts ou embarcations de plaisance appartenant à des sujets de ces pays : Angleterre, Russie, Pays-Bas, Belgique, Danemarck, Hambourg, Brême, Lubeck, Oldembourg ou Mecklembourg-Schwerin, jouissent en France de l'exemption des droits de navigation, sous les conditions suivantes : ils doivent être munis d'un titre authentique établissant leur qualité de bâtiment d'agrément; ils s'abstiendront de toute opération de commerce et remmèneront toutes les personnes qu'ils auront amenées et qui se trouvaient à bord au moment de leur arrivée. A défaut d'accomplissement de l'une de ces dispositions, le droit commun est appliqué. (*Circ. du 2 juin* 1859, n° 592.)

10e §. *Ajouter :* et circ. du 2 juin 1859, n° 592. *V.* n° 248 S.

252—. Note 33, dernier §. Il y a exemption des droits de tonnage à l'égard d'un navire anglais expédié du Royaume-Uni pour effectuer le sauvetage ou le remorquage d'un navire étranger naufragé sur les côtes de France et qu'il conduit dans un port ; mais il faut alors que le navire sauveteur n'y opère ni débarquement, ni embarquement de marchandises. (*Déc. des 4 décembre 1826, 26 mai 1827, 22 octobre 1828, 19 décembre 1843 et 30 mars 1859.*)

Sels.

253—1109. 3e §. Les proportions déterminées par l'art. 19 de l'ordonnance du 26 juin 1841, concernent les pénalités en cas d'abus en cours de transport des eaux salées à destination d'une fabrique de sel soumise à l'exercice du service. *V.* no 1090.

Pour l'eau de mer livrée aux industries, *V.* no 1204.

Dans les salines, la quantité de sel marin contenu d'ordinaire, en dissolution, dans 100 kilogr. d'eau saturée, est de 32 kilogr. 17 décagr.; mais si quelques-unes étaient autorisées à livrer des eaux salées aux industries, comme dans les transports et la manipulation il y a des pertes, des déchets, etc., il conviendrait, pour être équitable, de n'exiger le droit de consommation qu'à raison de 31 kilogr. de sel par hectolitre d'eau à 25° de saturation. (*Avis du Comité consultatif des arts et manufactures, des 7 juillet et 29 décembre 1858; déc. min. du 3 février 1859.*)

254—1205. 6e §, 2e ligne. *Après le mot* certificat *mettre :* valable pour une année.

255—1276. Tout entrepôt spécial existant exceptionnellement, sous double clef, dans les dépendances d'un atelier de salaison, *V.* no 1268, doit avoir son entrée unique sur la voie publique. (*Déc. du 2 janvier 1836.*)

256—1286. On ne saurait expédier des sels d'un entrepôt spécial existant exceptionnellement dans un atelier de salaison, *V.* no 255 S, sur un autre entrepôt de même espèce, que ces établissements dépendent ou non d'un même bureau, qu'autant qu'ils appartiennent au même propriétaire. (*Déc. des 11 septembre 1817 et 17 août 1857.*)

257—1306. Les poissons de pêche française, mais pêchés en dehors des conditions règlementaires ou apportés autrement que par navires français, c'est-à-dire sous un pavillon étranger assimilé ou non, par traité, au pavillon national, sont considérés comme provenant de pêche étrangère. (*Déc. du* 13 *septembre* 1859.)

258—1361. P. 195, note 3. Les dispositions énoncées à la note 3 concernent la sardine (1). Sous aucun prétexte, il ne saurait être accordé, pour le saupoudrage ou la salaison en vert

---

(1) Dès que la migration de la sardine, du midi au nord, se manifeste sur les côtes de France, la pêche et la salaison commencent. Dans les eaux du Morbihan, par exemple, entre Belle-île et Groix, la pêche s'effectue à partir de la fin de mai jusqu'aux premiers jours de novembre, au moyen de chaloupes non pontées, d'environ sept tonneaux, avec des filets à mailles ou moules propres à retenir le poisson par la tête. Ces embarcations sortent chaque jour au jusant, et reviennent au flot souvent chargées chacune de 15 à 20,000 sardines.

Le produit de la vente de la pêche journalière pourvoit à la retenue pour les invalides de la marine, au remboursement du prix des rogues (un baril pour 5 pêches) et des frais d'auberge. Le surplus se répartit, à l'expiration de la semaine, par moitié entre l'armateur et les hommes de l'équipage qui, d'ailleurs, prélèvent, au retour, une quantité de poissons, dite cotériade, destinée à leur nourriture.

Aussitôt après la vente, à quai, l'équipage compte les sardines par paniers livrés comme en contenant 200, mais qui, en réalité, renferment 41 lances, chacune de 6 sardines, plus 2, soit 248, de sorte que, au grand compte, le millier se trouve de 1240 sardines.

La plus grande partie est salée en vert pour la consommation immédiate; d'autres sont salées pour les provisions d'hiver, ou anchoitées ou salées pour les préparations à l'huile; à défaut d'acquéreur, l'armateur fait mettre les sardines en presse.

Transportées en paniers sur la place où elles sont mises en tas, les sardines sont rangées, une à une, par couches alternatives de poissons et de sel blanc, dans des paniers de 1200 à 2000 sardines, que l'on expédie à l'intérieur, à des destinations plus ou moins éloignées : c'est la salaison en vert.

A l'égard des provisions d'hiver, la salaison en vert prend du développement à dater de la mi-août, époque où la sardine a acquis toute sa grosseur. Entre chaque rang de poissons, dans des barils ou des ruches en paille, on introduit une forte couche de sel.

Brassées pendant 24 heures avec du sel chargé d'ocre rouge, dans des manestans ou baquets, puis placées sur le ventre, par rangs serrés, avec du sel ainsi rougi, dans de petits barils, les sardines se trouvent anchoitées : elles remplacent alors l'anchois.

Pour les salaisons à l'huile, on procède à l'étêtage, au salage soit en paniers, soit dans des cuves ou barils, au lavage, au séchage, à la friture dans l'huile bouillante, à la mise en boîtes, à l'ébullition et au soudage. Les têtes et les intestins servent d'engrais.

Salées dans les manestans des ateliers de presse, les sardines s'y saturent, au milieu de la saumure, pendant 15 à 25 jours selon leur grosseur; rangées dans des barils dont une extrémité libre est soumise aux effets d'une presse, elles dégagent une huile très-utile aux corroyeurs, et sont dirigées ensuite sur des centres de consommation.

du hareng, en mer ou à terre, une allocation quelconque de sel en franchise; mais l'on peut employer du sel déjà soumis à l'impôt de consommation. (*Déc. du 21 décembre 1844.*)

259—1404. Si un atelier contient exceptionnellement un entrepôt spécial, *V.* n° 255 S, aucune personne étrangère à cet établissement ne peut demeurer dans le même enclos. (*Déc. du 16 avril 1859.*)

Régimes spéciaux.

260—1472. *Corse. Rayer :* semoules. (*Déc. du 24 février 1859.*)

261—1477. 2e §, 4e ligne. *Ajouter :* Saint-Tropez, et Saint-Valery-sur-Somme. (*Décrets du 26 septembre 1859 ; circ.* n° 612.)

262—1505, 1515. 1er §. *Algérie.* Les céréales, tant que la sortie de l'Algérie en sera libre, et les autres produits exempts de droits à la sortie de cette colonie, sont, en cabotage, expédiés avec passavant. (*Déc. du 25 juillet 1859.*)

—1509. 1re ligne. *Au lieu de 18 mettre* 7. *Ajouter :* circ. du 16 mai 1859, n° 589. *V.* n° 269 S.

263—1514. Dernier §. *Ajouter :* débris d'ouvrages en cuivre ou en plomb, reconnus impropres à tout autre usage que la refonte. (*Déc. du 28 juillet 1859.*)

264—1538. *Colonies.* Les prohibitions spéciales à la sortie en vue du temps de guerre, ne sont pas applicables aux expéditions à destination des colonies françaises. (*Déc. du 21 mai 1859.*)

265—1544. 1er §. *Rayer les mots :* nationales exemptes des droits de sortie, de celles — acquittées à *(2e ligne)* — l'entrée ou *(3e ligne)*.

Les marchandises nationales ou nationalisées, affranchies de droits de sortie, sont expédiées aux colonies ou autres établissements sous simples passavants. (*Déc. min. du 15 janvier 1859; circ. du 21,* n° 569.)

Dans le cas où une déclaration énoncerait à la fois des produits comportant, les uns, la délivrance d'acquits-à-caution, les autres, des passavants, on se servirait d'acquits-à-caution qui les comprendraient tous; mais alors la soumission n'aurait d'effet que relativement aux objets passibles de prohibition ou de droits à l'exportation pour l'étranger. (*Même circ.* n° 569.)

5e §. En l'absence de tout motif sérieux de suspicion, les

passavants délivrés en France ne figurent pas sur les états semes-
triels d'expéditions non rentrées. (*Circ. du 21 janvier* 1859,
n° 569.)

266—1566. 4° §. Pour le cas de non-décharge en France,
soit complète, soit partielle, des acquits-à-caution délivrés aux
colonies, le service colonial est, à défaut de dispositions spéciales, *V.* n°s 1591 et 1596, en droit d'invoquer la législation
de la métropole, c'est-à-dire l'art. 4, tit. III, de la loi du 22
août 1791, *V*, n° 974; mais il faut que les soumissions exigées
au départ et les acquits-à-caution mentionnent littéralement ces
pénalités. (*Déc. du 17 mars* 1859.)

267—1589. Note. Les marchandises arrivées en France par
navires anglais peuvent être transbordées, à destination des colonies, sur des navires français, *V.* n°s 1531, 1542 et 1855,
sans qu'il soit nécessaire d'exiger la mise à terre lorsque la
vérification, par la pesée, peut s'effectuer pendant le versement
de bord à bord, par exemple, s'il s'agit de houilles. Un acquit-
à-caution garantit le paiement des droits. Les opérations, quant
à l'entrepôt de la métropole, ne sont d'ailleurs que fictives. (*Déc.
du 23 mai* 1859.)

268—1615. Note 1, 2° §, 1re ligne. *Ajouter :* les eaux-de-vie
de mélasse (rhums et tafias) fabriquées à Mayotte. (*Décret du 26
septembre* 1859; *circ.* n° 612.)

269.—1616. Le bénéfice du retour, en franchise de tout droit,
même du droit de retour, s'applique aux produits français
rapportés de tous les établissements français, même de l'Algérie
ou des comptoirs français de l'Inde ou de l'Afrique occidentale.

Mais sont exceptés de cette franchise les ouvrages en métaux
fabriqués dans la métropole avec des matières admises primitivement sous le régime de l'importation temporaire et qui seraient
rapportés des colonies ou établissements français. Ces ouvrages
doivent être traités de la même manière que ceux revenant de
l'étranger et sont en conséquence assujétis aux règles et conditions rappelées au n° 293 S. Seulement au lieu d'être soumis,
comme lorsqu'ils reviennent de l'étranger ou des autres colonies
françaises, à la totalité du droit d'entrée sur les matières dont
ils sont composés, ceux qui sont rapportés de la Martinique, de
la Guadeloupe ou de la Réunion ne sont astreints, pour ce qui
concerne la fonte, le fer, l'acier ou la tôle, qu'aux quatre
cinquièmes des taxes du tarif général, l'autre cinquième ayant

dû être perçu soit au bureau de sortie de la métropole au moment de l'expédition, soit à l'arrivée des produits dans l'une ou l'autre de ces trois colonies. *V.* nº 1572. (*Circ. du 16 mai 1859,* nº 589.)

270—1617. 3e §. *A partir du mot* peuvent *(2e ligne) rayer le § jusqu'à la fin, et mettre :* à vue de ces pièces justificatives, autoriser la remise pure et simple des marchandises françaises. Cette attribution peut d'ailleurs être déléguée par les directeurs à l'inspecteur sédentaire dans les localités où le service est dirigé par un chef de ce grade.

Les directeurs ou inspecteurs sédentaires peuvent même, en l'absence de ces justifications, autoriser la rentrée en franchise des marchandises invendues aux colonies, lorsque les intéressés produisent les preuves de sortie et d'origine nationale exigées à l'égard des marchandises revenant de l'étranger, *V.* nº 1940, et que la vérification ne laisse aucun doute sur la réalité de cette origine. (*Circ. du 16 mai 1859,* nº 589.)

Note. 1er §. *Rayer à partir de :* à cet égard *(4e ligne).*

2e §. *Ajouter :* Tout objet reconnu pouvoir être utilisé autrement que pour la refonte doit être brisé avant de sortir de la douane. (*Circ. du 16 mai 1859,* nº 589.)

Rayer le 3e §.

—1619. 1re ligne. *Après le mot* vins *mettre :* de tout cru français.

—1638. *Ajouter :* V. nº 1082. P. 111, note 33, et nº 250 S.

271—1677. *Primes.* A l'égard des savons et autres produits dont la prime de sortie n'excède pas 10 fr. par 100 kilogr., le service peut n'effectuer ses vérifications que par épreuves, c'est-à-dire sur un certain nombre de colis, ouverts alors, dans la mesure déterminée par le chef de la visite, selon l'importance de chaque expédition. (*Déc. du 6 août 1859.*)

272—1680. 10e §. On ne pourrait comprendre exceptionnel-lement, dans un même permis ou passavant, des draps avec d'autres tissus et des fils de laine, purs ou mélangés, qu'autant que les produits présentés par un déclarant ne donneraient ouverture, par quotité, qu'à une allocation de prime inférieure à 10 fr. (*Déc. du 2 avril 1859.*)

273—1684. Note, 2e §. *Ajouter :* et après attribution au receveur subordonné, qui a passé les transactions, de la part lui revenant comme poursuivant. (*Déc. du 18 août 1859.*)

274—1687. Il n'existe aucune pénalité contre le négociant qui, après avoir fait une demande d'allocation de prime, ne donne pas suite à l'opération soit au bureau de première expédition soit à celui de sortie définitive. Aussi, quelque soit le mode de transport, et si ce dernier bureau est d'ailleurs ouvert aux opérations de prime, l'intéressé peut, quand il le juge convenable, faire une déclaration modificative de celle primitivement produite. Dans ce cas, comme dans celui où les passavants sont au contraire remis à titre de déclaration, lorsqu'une différence est constatée entre les marchandises présentées et les marchandises énoncées en la déclaration ainsi reçue en dernier lieu, le service du bureau de sortie poursuit l'application de la législation répressive des infractions en matière de prime d'exportation. (*Déc. du 12 février* 1859.)

—1688. 4e §, 4e ligne. *Rayer les mots :* sous cachet apposé à froid. (*Déc. du 10 octobre* 1859.)

275—1693. Dernier §. Tableau de la quotité des drawbacks à appliquer jusqu'au 30 juin 1861. *Aux deux premières lignes relatives aux sucres français, substituer ces indications :*

39 fr. 00	62 fr. 40	60 fr. 00
42 00	67 20	64 61

(*Circ. du 28 juin* 1859, no 599.)

Rayer le no 129 S.

276—1696. 5e §. Les acquits de paiement produits à l'appui de déclarations d'exportation de sucres raffinés sont réunis par un lien et adressés, les 1er, 11 et 21 de chaque mois, par le directeur à la 3e division, 2e bureau, avec un bordereau indiquant le nom des déposants, le bureau d'où émane chacun des acquits, le no de recette, la date, la quotité des droits, le nombre de kilogr., le total des droits perçus, décime compris; l'échéance à 4 mois révolus. (*Déc. du 4 mai* 1859.)

277—1705. 7e §. *Ajouter :* on indique sur chaque carte le no de l'expédition de sortie.

278—1707. 14e ligne. Sont assimilés aux verres blancs, les verres à vitres de couleur. (*Déc. du 14 février* 1859.)

Note 2. Les échantillons de sels de soude doivent être renfermés dans des flacons bouchés à l'émeri. (*Déc. du 9 avril* 1859.)

279—1720. 3e §. Les chapeaux de paille à tresses engrenées, blanchis, gommés et cylindrés dans le pays de production, et qui doivent figurer sur les acquits de paiement sans la désignation d'apprêtés, sont considérés comme donnant droit à la prime lorsqu'ils sont réexportés après avoir reçu en France la seconde partie de l'apprêt, c'est-à-dire la coupe, la forme et la garniture. (*Avis des Commissaires-experts du 28 janvier 1859, transmis le 16 février suivant.*)

280—1723. *A la 1re et à la 2e nomenclature, ajouter :* Jeumont. (*Circ. du 10 juin 1859, no 593.*)

1re nomenclature. 2e ligne. A Thionville *ajouter* (station). *Rayer* Sierck.

Ajouter : Saint-Nazaire. (*Circ. du 29 décembre 1859, no 616.*)

2e nomenclature. 8e et 9e ligne. *Rayer les indications concernant Evrange et Sierck, et mettre :* Thionville* (station), Apach*. (*Circ. du 28 septembre 1859, no 610.*)

281—1767. *Chevaux, etc.* Avant-dernier §, 9e ligne. *Aux mots* de la compt. gén., *substituer ceux-ci :* des directeurs. V. no 297 T.

Les directeurs sont appelés à statuer sur les demandes de prolongation de délai pour la réexportation ; ils les accueillent quand elles leur paraissent suffisamment justifiées, et informent sans retard des autorisations qu'ils ont ainsi accordées ceux de leurs collègues dans la direction desquels se trouve le bureau d'où émane la reconnaissance de consignation, afin que les registres y soient annotés en conséquence. (*Circ. du 24 août 1859, no 604.*)

282—1855. *Traités.* 1er §. *Ajouter :* sont exceptés les produits dont l'importation dans les colonies serait prohibée ou ne serait permise que des pays soumis à la domination française. V. no 1542.

283—1856. 3e §, note. *Après le mot* importation (1re ligne) *mettre :* ou en transit, soit les livres en langue française arrivant d'Angleterre, soit. (*Décret du 9 juin 1859 ; circ. du 18, no 596.*)

284—1866. P. 415, 16e ligne. *Ajouter :* ce traité aura son effet jusqu'au 12 mai 1861 exclusivement. (*Circ. du 13 mai 1859, no 588.*)

285—1879. 1er §, 3e ligne. *Au lieu de* même traité *mettre :* traité du 9 mars 1853.

286—1897 *bis. Genève.* Une convention, conclue le 30 octobre 1858 entre la France et le canton de Genève, garantit réciproquement la propriété des œuvres d'esprit et d'art. (*Décret du 8 janvier 1859; circ. du 31, n° 570.*)

Les produits de la presse génevoise, importés, par terre ou par mer, en France, avec un certificat d'origine délivré par l'autorité compétente, seront admis aux droits ci-après :

Ouvrages en langue française, 20 fr. les 100 kilogr.; ouvrages en langues mortes ou étrangères, 1 fr. les 100 kilogr.; estampes, cartes géographiques et musique, 20 fr. les 100 kilogr. *(Même décret, art. 3 et 18.)*

En l'absence d'un certificat d'origine régulier, le tarif général serait appliqué. (*Circ. n° 570.*)

287—1931. *Voyageurs.* 1er §, 9e ligne. 6e §, 5e ligne. 8e §, 5e ligne. *Aux mots* de l'administration *substituer ceux-ci* : des directeurs. Ajouter : circ. du 24 août 1859, n° 604.

4e §. *Ajouter* : et circ. du 24 août 1859, n° 604.

Les trousseaux des élèves envoyés dans les pensionnats français, ainsi que les trousseaux de mariage, peuvent, sur l'autorisation des directeurs, être admis aux mêmes conditions que les objets mobiliers pour la partie qui se compose d'objets en cours de service. Les objets neufs sont soumis aux conditions ordinaires du tarif, et quand parmi ces derniers il s'en trouve de nature prohibée, ils peuvent être admis sous le paiement de la taxe exceptionnelle de 30 p. % de la valeur, pourvu que la quantité n'en soit pas hors de proportion avec la condition des importateurs ou des destinataires.

On peut aussi, sur l'autorisation des directeurs, admettre au droit des meubles les mobiliers agricoles (jougs, harnais, outils, etc.) en cours de service qu'apportent avec eux les cultivateurs qui viennent s'établir en France. Il en est de même à l'égard des instruments aratoires qui portent des traces d'usage, à l'exclusion de ceux qui, au point de vue du tarif, rentrent dans la classe des machines. Dans ce dernier cas, ils restent astreints aux conditions et aux droits ordinaires, sans acception de l'état (neufs ou en cours de service) dans lequel ils sont présentés. Seulement, en pareille circonstance, on peut dispenser les importateurs des formalités accessoires prescrites par l'ordonnance du 10 juin 1845, telles que production de plan, notices descriptives, etc. Quant aux objets neufs faisant partie des mobiliers agricoles, ils sont assujétis aux conditions ordinaires du tarif; toutefois, ceux d'espèce prohibée, en petit nombre, peuvent être admis soit au régime de la consignation, s'il s'agit de voitures suspendues, alors même que ces voitures seraient en cours de service, soit au droit exceptionnel de 50 p. %, de la valeur s'il est question d'objets d'autre nature. (*Circ. du 24 août 1859, n° 604.*)

—1934. *Ajouter* : et circ. du 24 août 1859, n° 604.

288—1935. 1er §. Pour les prolongations de délai, V. n° 281 S.

En ce qui concerne la réexportation des voitures de voyageurs, il faut remarquer que la portion de consignation attribuée au Trésor a été calculée à raison d'un séjour limité et assez court, et qu'un sursis affaiblit proportionnellement la taxe réservée au Trésor et la compensation protectrice de l'industrie de la carrosserie. Il convient donc de n'accorder des prolongations de délai qu'avec réserve et jamais pour une période supérieure à celle de trois années primitivement fixée. A l'expiration des six années, et à moins de circonstances exceptionnelles dont il serait rendu compte à l'administration, le montant de la consignation doit être considéré comme acquis au Trésor si la réexportation n'a point été effectuée. (*Circ. du 24 août 1859, n° 604.*)

289—1940. *Retours.* 1er §. *Ajouter* : Il n'y a d'exception à cette règle qu'à l'égard des marchandises qui auraient été expédiées par erreur à l'étranger : elles peuvent alors être réadmises quand il est justifié de cette erreur, et s'il est constaté par un certificat authentique de la douane étrangère qu'elles n'ont pas cessé d'être sous sa main depuis leur entrée sur le territoire étranger jusqu'au moment où elles ont été réexpédiées en France. (*Circ. du 16 mai 1859, n° 589.*)

2e §. *Ajouter* : et circ. du 16 mai 1859, n° 589.

3e §. *Ajouter* : à moins de circonstances extraordinaires dont l'administration se réserve l'appréciation. (*Circ. du 16 mai 1859, n° 589.*)

290—1941. 2e ligne. *Au mot* administration *substituer ceux-ci* : Le directeur, à vue des pièces justificatives (1). *Au lieu de* ou en vertu d'autorisations spéciales *mettre* : sur la demande des intéressés. *Ajouter* : et circ. du 16 mai 1859, n° 589.

—1942. *Ajouter* : et circ. du 16 mai 1859, n° 589.

Note 2. *Ajouter* : et circ. du 16 mai 1859, n° 589.

---

(1) Cette attribution peut être déléguée par le directeur à l'inspecteur sédentaire dans les localités où le service est dirigé par un chef de ce grade. (*Circ. n° 589.*)

291—1943. Le bénéfice du retour n'est applicable qu'aux produits fabriqués à l'égard desquels il est possible de reconnaître l'origine française soit à des marques de fabrique, soit à des signes extérieurs ou caractères inhérents à cette origine, comme, par exemple, les tissus, la bonneterie, la porcelaine décorée, les tapis, l'horlogerie, la dentelle, les instruments de chimie, de physique ou d'optique, les papiers peints, certains objets de modes ou d'industrie parisienne, etc. Toute marchandise qui ne présente pas ainsi des caractères extérieurs et manifestes d'origine française doit, en règle générale, être exclue du retour. Cependant, dans les cas douteux, l'administration ne refuse pas de recourir à l'expertise légale, surtout lorsqu'il s'agit de produits dont la nationalité peut être reconnue par des hommes compétents, à raison notamment du mode de fabrication qui leur est propre, tels que la passementerie, la porcelaine blanche, les ouvrages en caoutchouc, les fils et cordonnets, les caractères d'imprimerie, les peaux préparées, la ganterie, la tabletterie, la bimbeloterie, la mercerie, etc. Dans ce cas, des échantillons sont prélevés contradictoirement dans la forme ordinaire et adressés à l'administration pour être soumis aux commissaires-experts du gouvernement. (*Circ. du 16 mai 1859, n° 589.*)

Note. *Rayer ce qui concerne la tabletterie.*

292—1944. 3e ligne. *Aux mots* de Bordeaux *substituer ceux-ci :* du cru de la Gironde.

293—1945. L'exclusion s'applique, à titre absolu, à toute marchandise revêtue de marque de fabrication étrangère. (*Circ. du 16 mai 1859, n° 589.*)

Les objets fabriqués avec des matières premières admises temporairement en franchise à charge de réexportation, après avoir reçu en France un complément de main d'œuvre, ne peuvent être réimportés que sous les conditions ordinaires du tarif. Toutefois, les ouvrages en métaux ainsi fabriqués en France sous le régime des importations temporaires et rapportés de l'étranger ne sont point exclus du bénéfice du retour, quand ils présentent des marques ou des caractères évidents de fabrication nationale; seulement, dans ce cas, on doit exiger l'acquittement des droits d'entrée afférents aux matières brutes sur chacune des espèces de métaux dont ces ouvrages se trouvent composés : en d'autres termes, sur les parties de produits composées de fer, c'est le droit du fer, sur les parties de fonte, c'est le droit de la fonte, sur les parties en acier ou en tôle, c'est le droit de l'acier ou de la tôle. A cet effet, et pour faciliter l'opération de la visite, quand il s'agit d'objets composés de plusieurs sortes de métaux, comme, par exemple, de machines ou mécaniques, la déclaration doit indiquer le poids proportionnel pour lequel chaque sorte de métal entre dans la composition totale de la machine; si des doutes s'élevaient sur l'exactitude des poids partiels ainsi déclarés, il serait procédé comme dans le cas d'importation ordinaire d'objets de même nature : la réadmission ne serait accordée que sous soumission et le plan des machines serait exigé pour être contrôlé pas le comité des arts et manufactures. A cet effet, le plan serait adressé à l'administration avec une copie de la déclaration et du certificat de visite, par lettre spéciale indiquant les points sur lesquels la déclaration a paru inexacte. (*Circ. du 16 mai 1859*, n° 589.)

294—1947. 1er §. Au lieu d'être marquées à feu, à la sortie, les futailles peuvent l'être à la rouane. (*Déc. du 16 décembre 1842.*)

2e §, 5e ligne. *Après le mot* exportation *mettre :* ou par un autre bureau. (*Déc. du 19 juillet 1859.*) *Rayer la 8e ligne, et substituer aux mots* de l'administration (9e ligne) *ceux-ci :* des directeurs. (*Circ. du 16 mai 1859, n° 589.*)

295—1950 bis. Les directeurs peuvent permettre la sortie temporaire des objets mobiliers appartenant à des Français qui vont s'établir momentanément à l'étranger avec intention de retour. En pareil cas, il est délivré, sur production d'inventaire et après visite, un passavant descriptif destiné à assurer la réadmission des objets en franchise, dans un délai déterminé et par le bureau même qui a constaté l'exportation, pourvu d'ailleurs qu'aucun doute ne s'élève sur leur identité. Un délai de six mois suffit généralement pour ces sortes d'expéditions; toutefois les directeurs sont autorisés à accorder de plus longs termes, comme aussi à prolonger, au besoin, ceux qui auront été primitivement fixés, sans que, dans aucun cas, la limite de trois ans puisse être dépassée.

Ces dispositions ne sauraient être étendues à des objets envoyés à l'étranger soit par spéculation commerciale, soit pour y être confectionnés ou pour y recevoir un complément de main d'œuvre. (*Circ. du 24 août 1859, n° 604.*)

296—1962. 9e §, 2o. *Ajouter :* Quand le bénéfice du retour est accordé, il n'est exigé aucun droit de magasinage en cas de dépôt provisoire. (*Circ. du 16 mai 1859*, no 589.)

297—2070 bis. *Armes.* Les armes de guerre ne peuvent être réimportées que sur autorisations spéciales délivrées par le département de la guerre et qui parviennent aux directeurs par l'intermédiaire de l'administration. (*Circ. du 16 mai 1859*, no 589.)

298—2071. *Librairie.* A moins d'autorisations exceptionnelles concertées entre l'administration et le département de l'intérieur, il ne doit, en aucun cas, être fait remise, ni pour l'importation, ni pour la réexportation, des ouvrages de contrefaçon retenus à la frontière, alors même que cette retenue n'aurait pas été suivie d'un procès-verbal de saisie. (*Circ. du 24 août 1859*, no 604.)

299—2072. 2e §. Si les livres ou écrits prohibés saisis n'ont pas été régulièrement déclarés, le service peut les remettre, sur reçu, au commissaire de police. (*Déc. du 19 décembre 1859.*)

300—2073. Note 1. Il y a dispense de certificat d'origine à l'égard des livres belges expédiés en transit. (*Déc. du 4 août 1859.*)

301—2076. 2e §, 5e ligne. *Aux mots* l'administration *substituer ceux-ci :* les directeurs. *Ajouter :* Circ. du 24 août 1859, no 604.

3e §. *Ajouter :* et circ. du 24 août 1859, no 604. Pour les contrefaçons, *V.* no 2071.

302—2077. Note 2, P. 511. 1er §. *Rayer* Sierck. *Ajouter :* Thionville (station du chemin de fer) et Apach. (*Décret du 31 décembre 1859*; circ. no 617.)

303—2078. Note. Les autorisations de réadmission parviennent aux directeurs par l'intermédiaire de l'administration. (*Circ. du 16 mai 1859*, no 589.)

304—2081. Note. *Ajouter :* et de tirage. (*Déc. du 8 septembre 1859.*)

305—2086. *Ouvrages d'or et d'argent.* Note 2. *Ajouter :* Alger. (*Décret du 6 août 1859*; circ. du 15 septembre suivant, no 608.)

306—2090. 2e §. Sur la production, à la douane, d'une copie, délivrée par les agents de la garantie, de la soumission de sortie portant réserve de rentrée, les ouvrages d'or et d'argent, revêtus du poinçon français de consommation, sont, sous plomb et par acquit-à-caution, dirigés d'office sur le bureau de garantie qui a reçu cette soumission et où ils sont admis au bénéfice du retour moyennant restitution des deux tiers du droit de garantie remboursés aux intéressés au moment de l'exportation. *V.* n° 2089, 4e §. (*Circ. du 16 mai 1859*, n° 589.)

307—2091. *Après le mot* marque (1re ligne) *mettre :* revêtus du poinçon d'exportation. *A la 7e ligne ajouter :* ou les marque immédiatement du poinçon français de consommation, sous paiement du droit de garantie. (*Circ. du 16 mai 1859*, n° 589.)

—2093. *Ajouter :* pour les prolongations de délai, *V.* n° 281 S.

308—2173. *Transport des lettres, etc.* 2e §, note. A droit à la franchise toute correspondance offrant un intérêt de service, par exemple, concernant l'acquittement des dettes d'employés, la découverte, sur le littoral, d'épaves, etc. En cas de difficulté de la part des postes, il faut recourir à l'application du n° 2173, 3e §, et du n° 2179.

Même sur la demande des préfets, le service des douanes ne peut expédier, sous contre-seing, des billets de loterie. (*Déc. du 11 octobre 1859.*)

Contentieux.

309—2187. 1er §, dernière ligne. *Après les mots* rapport et *mettre :* l'heure.

310—2193. Note *a.* Dernier §, modifié par le n° 157 S. *Ajouter :* déc. min. du 30 juin 1859; circ. du 20 août suivant, n° 603.

L'établissement d'un gardien, dans les procès-verbaux de saisie ou autres, donne ouverture à un droit d'enregistrement de 1 fr. (*Déc. min. du 30 juin 1859; circ. du 20 août suivant*, n° 603.)

311—2198. Dernier §, P. 595, note. *Rayer le 2e § de cette note, par application d'une décision administrative du 19 avril 1859, aux termes de laquelle les objets qui, exceptionnellement admissibles au droit de 30 p. % de la valeur, ont été saisis, ne peuvent, sous aucun prétexte, être vendus pour la consommation intérieure.*

312—2210. *Rayer.* L'appel des jugements rendus en police correctionnelle est porté à la cour impériale. (*Code d'instruction criminelle*, art. 201 ; loi du 13 juin 1856, art. 1er.)

313—2251. 3e §, 1re ligne. *Au lieu de 2 fr. mettre 1 fr.* (*Circ. manusc. du 15 mars 1860.*)

314—2254. P. 642, 4e §. Les frais occasionnés par le transport des prévenus qui ne peuvent se rendre à pied à la maison d'arrêt doivent, sur justification, être compris dans la liquidation à requérir et dont le jugement fixe le montant. (*Déc. du 16 septembre* 1859.)

315—2259. 7e §. *A partir du mot* pour (2e ligne) *rayer jusqu'à la fin du* §, *et mettre :* pour que le jugement devienne définitif, le signifier au procureur du gouvernement près le tribunal qui a statué, et en afficher la copie à la porte principale de ce tribunal. *Ajouter :* et déc. du 20 avril 1859.

316—2263. 9e §, 2e ligne. *Ajouter :* devant le tribunal civil.

317—2267. Les dispositions rappelées concernent l'incarcération par suite d'une condamnation à l'emprisonnement pour fait de contrebande.

Mais à l'égard des contrevenants incarcérés en vertu d'une contrainte par corps exercée à la requête du service des douanes, pour le recouvrement de condamnations exclusivement civiles, le receveur doit consigner les frais d'aliments nécessaires. (*Code de procédure, art.* 791; *instruction ministérielle du 6 juillet* 1833; *et Déc. du 3 octobre* 1859.)

318—2268. Note. Dans le cas où le mandat d'arrestation ne serait délivré qu'en vue des fins civiles, le directeur aurait à examiner si, à raison du détournement de fonctions et des dangers à courir, il ne conviendrait pas de prier MM. les procureurs généraux de charger la gendarmerie d'en assurer l'exécution. (*Déc. du* 19 *février* 1859.)

—2272. P. 668, 3e §. *Rayer la* 4e *ligne.*

319—2276. 3e §. *Ajouter :* et déc. min. du 30 juin 1859; circ. du 20 août suivant, no 603.

320—2282. 12e §, en note. Le versement du capital et des intérêts dont le comptable a été constitué débiteur envers le Trésor est effectué à la caisse du receveur des finances. Mais si la restitution est immédiatement faite, lors de la constatation du débet ou avant, le montant du capital est réintégré dans la caisse du comptable, *V.* nos 143 et 147 T; et il en est de même à l'égard des intérêts dus : on les fait figurer, à ce titre, aux recettes extraordinaires. (*Déc. du* 17 *octobre* 1859.)

321—2287. 2e §. *Rayer les mots* prendre (4e ligne) inscription sur les immeubles de l'un et de l'autre (5e ligne).

Le privilége de la douane sur les biens des redevables, pour droits et amendes, est général et absolu relativement aux ressources mobilières. Quant aux immeubles, l'inscription hypothécaire ne peut être prise qu'en vertu d'un titre exécutoire et la contrainte qui, en matière de crédit de taxes, a ce caractère, ne saurait être délivrée qu'après que la dette est devenue exigible. Or la déclaration judiciaire de la faillite peut seule, avant l'échéance de la dette, amener exigibilité; et l'inscription prise postérieurement est entachée de nullité. Dans une telle situation, l'administration n'a pas d'autres droits à faire valoir que les créanciers chirographaires de la faillite. (*Déc. du 22 avril* 1859.)

Si la caution, acquittant les sommes dues au Trésor, se substituait à la douane, il n'y aurait à se préoccuper ni de l'art. 2037 du code civil, ni de l'art. 448 du code de commerce qui n'est pas applicable à des faits particuliers résultant de la force des choses. (*Déc. du 14 mai* 1859.)

322—2296. 4e §, 1re ligne. *Jugements des tribunaux de paix. Au lieu de* 2 fr. *mettre* 1 fr.

323—2302. Si le contrôleur en exercice au moment du dépôt de la soumission d'entrepôt a été remplacé avant la constatation de l'infraction reconnue au moyen des recensements, la part du grade est partagée entre cet agent et son successeur qui a fourni, au service de la visite, les éléments de situation d'entrepôt. (*Déc. du* 18 *août* 1859.)

324—2330. 1er §. *Ajouter :* après prélèvement, au profit du Trésor, de la moitié du produit des condamnations réalisées. (*Loi du* 13 *fructidor an* V, *art.* 23; *circ. du* 20 *mars* 1852, n° 17.)

325—P. 718. Note 3. *Ajouter :* si le prévenu verse le montant des peines pécuniaires; mais dans les autres cas, le receveur délivre une quittance série M, n° 23 C bis.

FIN DU DEUXIÈME SUPPLÉMENT.

www.ingramcontent.com/pod-product-compliance
Lightning Source LLC
Chambersburg PA
CBHW060751280326
41934CB00010B/2436